¿Eres un ANFIBIO?

por THOMAS KINGSLEY TROUPE

amicus LEARNING

ilustrado por MARTINA ROTONDO

Sigmund era una salamandra joven y curiosa. Todos los días aprendía cosas nuevas. Hacia las 2:31 de la tarde, una mosca dijo algo nuevo.

"No vuelen demasiado cerca de los anfibios", advirtió Francine a sus amigos.

"¿Qué es un anfibio?", preguntó Sigmund.

"Piérdete", zumbó Francine y se fue volando.

Sigmund no quería perderse.
Pero SÍ quería saber.

Sigmund salió en busca de anfibios.

"¿Eres un anfibio?",
preguntó Sigmund al pez Fernando.
Fernando puso los ojos en blanco.
"¿Qué dices? No soy un anfibio", dijo.
"¡Tengo aletas, chico!".
"¿Los anfibios no tienen aletas?",
preguntó Sigmund.
"Las tienen cuando son bebés",
dijo Fernando. "¡Luego se
convierten en patas!".
Sigmund anotó eso.

Fernando escupió agua a Sigmund.

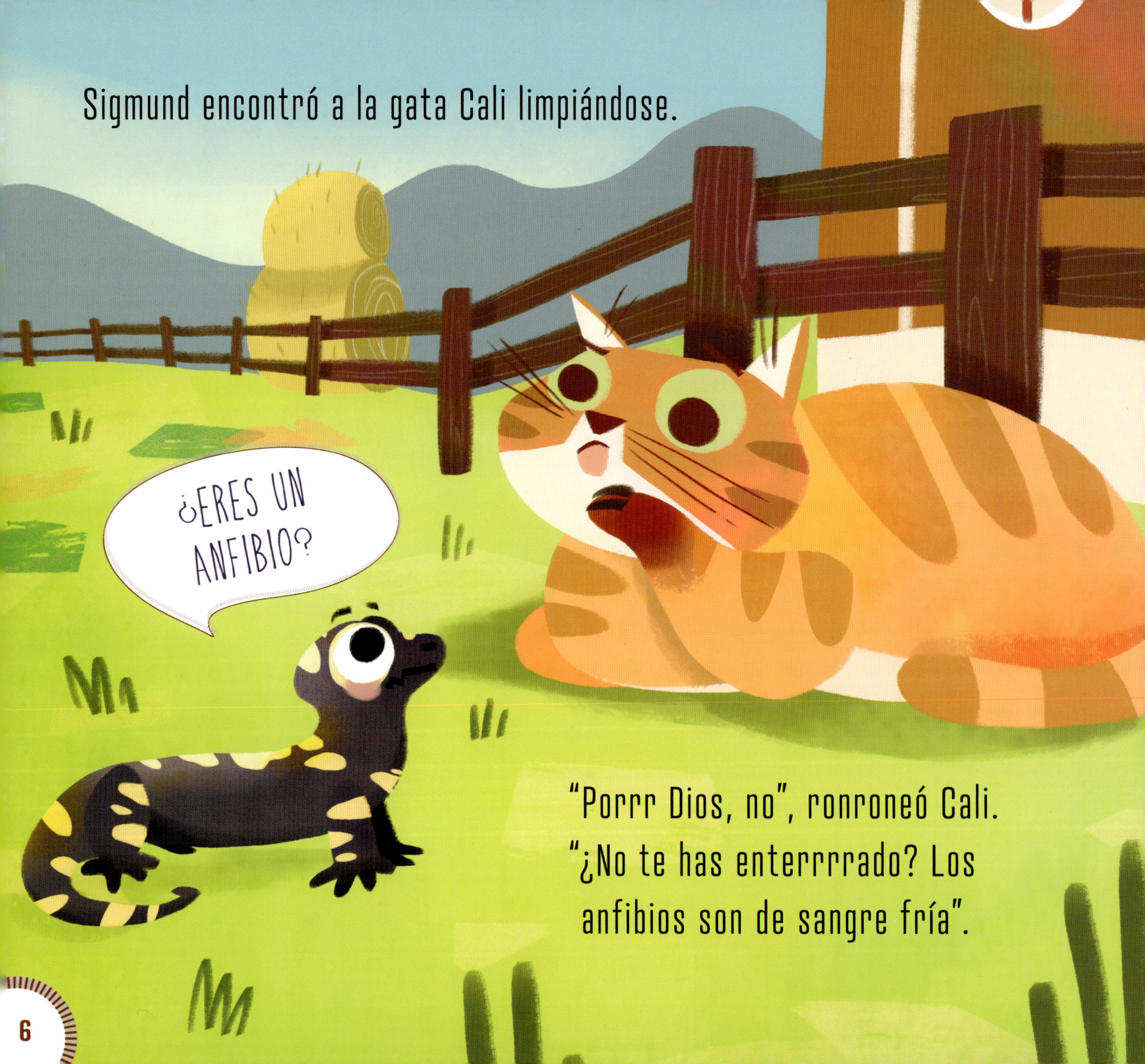
Sigmund encontró a la gata Cali limpiándose.
¿ERES UN ANFIBIO?
"Porrr Dios, no", ronroneó Cali. "¿No te has enterrrrado? Los anfibios son de sangre fría".

"¿No tienes la sangre fría?", preguntó Sigmund.

"No, soy de sangre caliente", ronroneó Cali.
"¡A diferencia de los anfibios, mi cuerpo
se mantiene a la misma temperatura!".

Sigmund se agachó e hizo notas sobre la sangre fría.

Vio a Hannah el colibrí.

"¿Un anfibio?", dijo Hannah. "Tonta salamandra. Los anfibios no pueden volar. Viven en la tierra y en el agua".

"¿No te gusta el agua?",
preguntó Sigmund.

"Ah, sí", contestó Hannah.
"Me gustan los baños, pero
no sé nadar como un anfibio".

Sigmund tomó notas sobre la tierra y el agua.

Se encontró con Barry el escarabajo.

"Me temo que no, jovencito", respondió Barry. "Como puedes ver, tengo seis patas que me ayudan a moverme".

"Ah", dijo Sigmund, tomando notas.
"¿Cuántas patas tienen los anfibios?".

"La mayoría tienen cuatro, pero nunca más", explicó Barry.

Se acercó a Randy la rata.

"¿Eres un anfibio?", preguntó Sigmund.
"Oh, no", dijo Randy. "No lo soy. Nací más
o menos así. La mayoría de los anfibios
pasan por la metamorfosis".
"Vaya, ¿qué significa eso?",
preguntó Sigmund.
"Cambian mucho desde que son bebés",
dijo Randy. "De un animal acuático a
uno que puede vivir en la tierra".

Sigmund intentó deletrear metamorfosis
para sus notas.

Sigmund se cruzó con el cerdo Preston.

Preston gruñó.
"Dios, no", dijo.

"Los anfibios nacen de huevos".

14

"¿No saliste de un huevo?", preguntó Sigmund.

"Oh, no, no", dijo Preston. "Crecí dentro de mi mamá".

Sigmund escribió a lápiz notas sobre los huevos.

Sigmund encontró la serpiente Sissy en el árbol
por encima de él.

"¿Tu piel no es lisa y viscosa?",
preguntó Sigmund, garabateando notas.

"No, *ssssalamandra ssssencilla*",
dijo Sissy.

"¡Las *sssserpientes* tienen escamas *sssssecas*!".

Sigmund se estaba frustrando. Vio a la rana Forrest.
"Espera un segundo", dijo Sigmund.

"No, no soy un...", Forrest comenzó. "Quiero decir... ¡sí, sí lo soy! Tengo una piel fina que utilizo para absorber agua y oxígeno. Es genial... ¡siempre que mi piel se mantenga húmeda!".
"¡Perrito caliente!", Sigmund gritó. "¡Encontré un anfibio!".

Sigmund siguió a Forrest por el pantano.
Allí, vio a otros anfibios.

"¿Todos ustedes son anfibios?".

"Ya lo tienes, resbaladizo",
dijo Nadia la tritón.
"¡Y tú también!".

Sigmund se echó un vistazo. Nadaba cuando era un bebé.
Le gustaba el agua Y la tierra. También era anfibio.

"Lo sabía", dijo Sigmund, riendo.

El cuaderno de Sigmund

ANFIBIOS . . .

- Sólo tienen aletas cuando son jóvenes.

- Son de sangre fría. Su temperatura corporal es la misma que la de su entorno.

- Pueden vivir en el agua y en la tierra.

- Tienen cuatro extremidades que les ayudan a desplazarse en tierra.

- Pasan por una metamorfosis desde que nacen hasta que se convierten en adultos. Su cuerpo pierde las partes que no necesita.

- Nacen de huevos.

- Tienen la piel lisa y no tienen escamas.

- Tienen la piel fina y húmeda para absorber agua y oxígeno.

GLOSARIO

de sangre caliente Con una temperatura corporal que se mantiene más o menos igual independientemente de la temperatura del aire.

de sangre fría Tiene una temperatura corporal que cambia para adaptarse a la temperatura ambiente.

extremidad Parte del cuerpo que se utiliza para moverse o agarrar, como las piernas o los brazos.

húmedo Ligeramente mojado.

metamorfosis Serie de cambios durante el ciclo vital de un animal; la mayoría de los anfibios pasan por las fases de huevo, larva, juvenil y adulto.

oxígeno Gas incoloro presente en el aire que los animales necesitan para respirar.

AMICUS ILLUSTRATED es una publicación de
Amicus Learning, un sello de Amicus
P.O. Box 227, Mankato, MN 56002
www.amicuspublishing.us

Library of Congress Cataloging-in-Publication Data
Names: Troupe, Thomas Kingsley, author. | Rotondo, Martina, illustrator.
Title: ¿Eres un anfibio? / by Thomas Kingsley Troupe ; illustrated by Martina Rotondo.
Other titles: Are you an amphibian? Spanish
Description: Mankato, MN : Amicus Illustrated, [2025] | Series: Clasificación de los animales | Audience: Ages 6–9 | Audience: Grades 2–3 | Summary: "When curious Sigmund the salamander hears Francine the fly warning her friends not to fly near amphibians, Sigmund sets out on a mission to find out what exactly an amphibian is. After interviewing other animals and learning about the characteristics of amphibians, Sigmund realizes that he too is an amphibian! Translated into North American Spanish. Includes fact page and glossary"— Provided by publisher.
Identifiers: LCCN 2024019232 (print) | LCCN 2024019233 (ebook) | ISBN 9798892003797 (library binding) | ISBN 9798892003858 (paperback) | ISBN 9798892003919 (ebook)
Subjects: LCSH: Amphibians—Juvenile literature. | Amphibians—Classification—Juvenile literature. | Animals—Classification—Juvenile literature.
Classification: LCC QL644.2 .T7618 2025 (print) | LCC QL644.2 (ebook) | DDC 597.801/2—dc23/eng/20240523

Impreso en China

Editora: Rebecca Glaser
Diseñadora: Kim Pfeffer

ACERCA DEL AUTOR

Thomas Kingsley Troupe es autor de más de 200 libros para jóvenes lectores. Cuando no está escribiendo, le gusta leer, jugar a videojuegos e investigar lugares encantados con la Twin Cities Paranormal Society. Si no, probablemente esté echándose una siesta o algo así. Thomas vive en Woodbury, Minnesota, con sus dos hijos.

ACERCA DE LA ILUSTRADORA

Artista desde siempre, Martina Rotondo cursó el Máster de Ilustración y Arte Conceptual en The Sign Academy de Florencia (Italia). Actualmente trabaja como ilustradora para editoriales italianas y extranjeras. Amante del dibujo tradicional, también investiga y experimenta constantemente con nuevas técnicas para crear sus personajes y fondos surrealistas y atractivos.